Frühling, Sommer, Herbst und Winter

Die schönsten Bilder
aus der Natur

Frühling, Sommer, Herbst und Winter

Frühling, Sommer, Herbst und Winter

Die schönsten Bilder
aus der Natur

Ravensburger Buchverlag

Inhalt

Frühling – Die Natur erwacht 6

Alles blüht	8
Nachwuchs	13
Junge Feldhasen	16
Im Dickicht des Waldes	17
Pollenflug	19
Bunte Vogeleier	20
Kuckuckskind	22
Frühjahrskinder	23
Die Mauereidechse	24
Die Schnecke	28
Verwandlung	36
Der Klatschmohn	40

Sommer – Die Natur leuchtet 46

Pollen und Samen	48
Süßer Nektar	50
In einem Bienenstock	52
Farne	54
Der Schwalbenschwanz	61
Verhängnisvolle Schönheit	62
Die Zwergmaus	65
Diebischer Gartenschläfer	66
Früchte und Samen	74
Fallschirme und Propeller	76

Herbst – Kunterbunte Farben 80

Pilze	84
Herbstblätter	90
Der Eichelhäher	92
Das Eichhörnchen	93
Nahrung für Vögel	94
Reiche Beerenernte	96

Winter – Die Natur schläft 98

Schutz vor der Kälte	102
Winterschlaf	104
Luchs und Bär	110
Winterkleid	114
Fruchtige Vorräte	118
Aufgeplustert	119
Im Schnee	120
Pflanzen im Winter	121
Die ersten Frühlingsboten	122

Frühling – Die

Natur erwacht

Die Blüte des Storchschnabels sieht aus wie eine kleine Krone. In ihrer Mitte erhebt sich der rosafarbene Stempel. Er ist umgeben von Staubgefäßen, die den feinen Blütenstaub enthalten. Im Frühling blüht die Natur herrlich. Die Tage sind schon deutlich länger, es wird langsam wärmer und die Landschaft erwacht. Vielfältige Grüntöne schmücken Wiesen und Wälder. Die Natur entfacht ein wahres Feuerwerk an Farben.

Margerite

Tulpe

Venushaar

Enzian

Seerose

Zierlauch

Alles blüht

Mit prächtigen Farben und ihrem Duft locken Blütenpflanzen Bienen, Hummeln, Schwebfliegen, Falter, Schmetterlinge und Käfer an. Die kräftigen Farben der Blüten und die auffälligen Muster führen die Insekten zum süßen Nektar. Er ist meist tief unten in der Blüte verborgen. Damit Pflanzen sich vermehren können, muss ihr Blütenstaub (Pollen) zu anderen Blüten gelangen. Dafür sorgen die Insekten: Bei der Suche nach Nektar werden sie mit Pollen eingestäubt und verbreiten ihn bei ihrem Flug von einer Blüte zur anderen. Auch Wind, Regen oder Vögel tragen den Pollen weiter. Pflanzen, die nur durch den Wind bestäubt werden, haben keine auffallenden Blüten.

Die Vermehrung der Pflanzen

Die Blüten der Pflanzen enthalten weibliche und männliche Fortpflanzungsorgane. In der Mitte der Blüte erhebt sich der weibliche Blütenteil, der Stempel. Er besteht aus der Narbe (ganz oben), dem Griffel und dem Fruchtknoten mit den Eizellen (ganz unten). Die Staubblätter, die um den Stempel herum stehen, sind die männlichen Blütenteile.

Dort wird der Pollen gebildet. Sobald ein Pollenkorn auf der Narbe einer Blüte derselben Art gelandet ist, wächst aus ihm ein dünner Schlauch bis hinab zu den Eizellen im Fruchtknoten. Pollenschläuche und Eizellen verschmelzen miteinander. Im Fruchtknoten wachsen Samen heran. Aus ihnen wachsen später neue Pflanzen.

Die Bäume haben noch keine Blätter, und so können im Unterholz Blumen wie Veilchen, Immergrün oder Vergissmeinnicht blühen. Sie brauchen im Frühjahr das Licht und im Sommer den Schatten des Waldes. Die kleine Feldmaus, die den Winter nicht verschlafen hat, bricht auf der Suche nach Nahrung zu einem Frühjahrsspaziergang auf.

Nachwuchs

Im April oder Mai erwachen die Gartenschläfer aus der Winterruhe. Sie sind nachtaktive, lebhafte Nagetiere. Während der Paarungszeit werben die Männchen lautstark um die Gunst der Weibchen. Nach einer Tragezeit von 23 Tagen bringt das Weibchen in seinem kugeligen Nest aus Moos oder Gras bis zu sieben Junge zur Welt. Sie sind nackt und blind. Sie werden von der Mutter gesäugt.

Nach etwa fünf Wochen verlassen die Jungen das Nest. Gartenschläfer fressen Früchte und Samen und jagen Schmetterlinge, Eidechsen, Schnecken und Käfer. Obwohl Gartenschläfer so schnell und wendig sind, können sie von einer Eule oder einem Marder erwischt werden, zu deren Beutetieren sie zählen.

Wenn die Frühlingssonne auf die Knospen der Bäume scheint, sprießen die jungen Blätter und überziehen die Bäume mit frischem Grün.

Junge Feldhasen

Vorsichtig, aber auch neugierig spähen die jungen Hasen umher. Vielleicht sind es Märzhasen. So nennt man den ersten Wurf im Jahr, den die Häsin nach einer Tragezeit von etwa 43 Tagen setzt. Drei- bis viermal im Jahr kann eine Häsin Junge bekommen, die sie in der ersten Zeit säugt. Die bis zu 70 Zentimeter langen graubraunen Feldhasen leben in fast ganz Europa auf Feldern, Wiesen und in lichten Wäldern. Tagsüber ruhen sie geduckt in einer Bodenmulde – man könnte meinen, sie schlafen. Doch sie beobachten mit weit geöffneten Augen ihre Umgebung. Nähert sich ein Feind, springen sie auf und jagen hakenschlagend davon. In der Dämmerung und nachts sind sie auf Nahrungssuche und fressen Blätter, Gras und Kräuter, im Winter knabbern sie Rinde, Knospen und Zweige.

Im Dickicht des Waldes

Nur selten sieht man eine Ricke, so wird ein weibliches Reh genannt, mit ihrem Jungen, dem Kitz. Denn die Rehe verbergen sich im Dickicht des Waldes und die Rehmütter bringen ihre Jungen gut versteckt zur Welt. Die Kitze können sofort sehen und laufen. Sie werden drei Monate lang gesäugt. Doch wenn die Ricke fliehen muss, bleibt das Kitz zurück. Findet man ein zurückgelassenes Kitz, darf man es auf keinen Fall berühren, weil es sonst von der Mutter, die immer zurückkommt, verlassen wird und verhungern muss. Mit etwa einem Jahr werden die kleinen Rehe selbstständig. Vom Herbst bis zum Frühling leben Rehe in Gruppen zusammen, im Sommer leben sie einzeln. In der Dämmerung gehen sie auf Nahrungssuche. Dabei benutzen sie bestimmte Wege, die Wildwechsel, auf denen man sie gut beobachten kann.

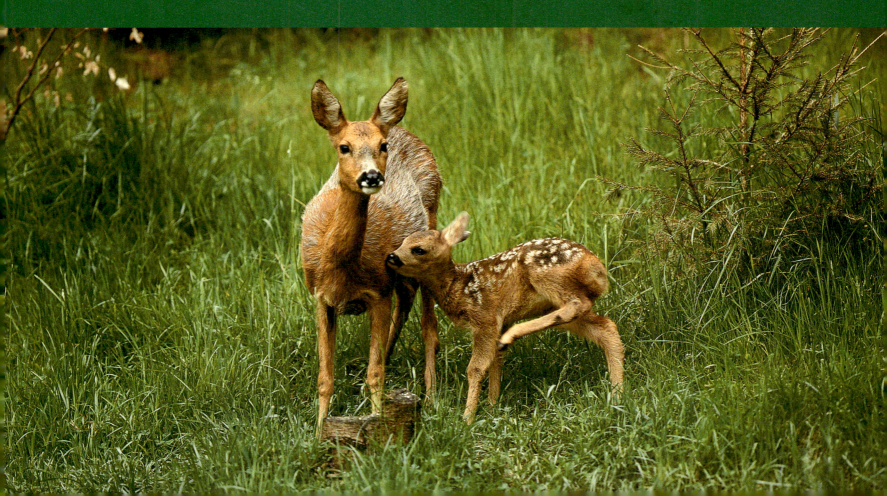

Pollenflug

Die pelzigen, flaumigen Blütenstände mancher Bäume werden Kätzchen genannt. Sie schmücken die Bäume lange, bevor das erste Blatt am Baum ist. Sie sind die ersten Blüten, die die Bienen besuchen, wenn sie am Anfang des Frühjahrs aus ihrem Bienenstock kommen. Die Kätzchen tragen den Pollen. Weil der Pollen sehr leicht ist und noch keine Blätter am Baum sind, kann er vom Wind weit weggetragen werden. Die Kätzchen der Salweide, die auf den Fotos zu sehen sind, blühen von März bis Mai. Der Pollen bleibt am pelzigen Körper der Bienen haften. Sie bürsten ihn in besondere Körbchen an ihren Hinterbeinen und bringen ihn in den Bienenstock. Dort versorgen sie ihre Nachkommen damit. Ein Bienenvolk verzehrt etwa 27 Kilogramm Pollen im Jahr.

19

Blaumeise

Heckenbraunelle

Singdrossel

Goldammer

Bunte Vogeleier

Überall sind im Frühling in kleinen Nestern die Vogeleier versteckt. Die Nester befinden sich weit oben in Baumkronen und auf Astgabeln, im hohen Gras, in Sträuchern, Höhlen oder Nistkästen. Nester von Amseln findet man auch an ganz ungewöhnlichen Standorten: in Balkonkästen, in Autos oder auf Fensterbrettern. Es gibt auch Vogeleltern, die ihre Eier einfach auf den Boden legen, wie zum Beispiel die Dreiband-Regenpfeifer. Die Blaumeise dagegen baut sorgfältig ein kleines Nest aus Schlamm in Form einer Schale. Rundherum kleidet sie es als Schutz vor Kälte mit Moos, Federn und Tierhaaren aus. Auch Schnüre, Stricke, Wollfäden oder Kunststoff verwendet sie.

Dreiband-Regenpfeifer

Sumpfschnepfe

Sperling

Die Farben der Eier

Die Eier der verschiedenen Vogelarten haben ganz unterschiedliche Muster und Farben: Die Eier der Singdrossel sind zart blau, andere sind grünlich, weiß, grau, rötlich oder bräunlich. Die Eier sind einfarbig oder haben schwarze, gelbliche, bräunliche, rötliche oder violette Flecken. Sie unterscheiden sich meist auch in Größe, Form und Gewicht. Alle diese zarten Farben und Muster sind vermutlich eine lebenswichtige List der Natur: Sie tarnen die Eier im Laub der Bäume oder auf dem Boden. Die hoch oben in Nestern geschützten Eier sind oft auffallend weiß oder leuchtend blau. Vögel, die auf dem Boden brüten, haben Eier, die der Umgebung angepasst sind. Sie sind beige und bräunlich gesprenkelt.

Kuckuckskind

Kaum sind die Vögel aus dem Süden zurück, machen sie sich daran, ihre Nester zu bauen oder ihr Nest des Vorjahres wieder in Ordnung zu bringen. Das Kuckucksweibchen spioniert das Kommen und Gehen der anderen Vögel aus, um unbemerkt je ein Ei in ihre Nester zu legen. Die meisten Vögel erkennen das fremde Ei nicht und brüten es zusammen mit ihren Eiern aus. Schon kurz nach dem Schlüpfen wirft das Kuckucksjunge die anderen Eier aus dem Nest. Weil es die gesamte Nahrung erhält, die seine Zieheltern heranschleppen, wächst es schnell heran. Bald ist der junge Kuckuck so groß, dass er das Nest verlassen muss. Hier rackert sich der kleine Rohrsänger damit ab, seinen dicken Kostgänger zu ernähren.

Frühjahrskinder

Die Rückkehr der Schwalben Anfang April aus ihren afrikanischen Winterquartieren kündigt den Frühling an. Schwalben sind Insektenfresser und jagen im Flug. Bei uns nisten vor allem Rauchschwalben und Mehlschwalben. An rauem Mauerwerk werden Nester aus lehmiger, feuchter Erde gebaut. Sie haben die Form einer Halbkugel. Die Mehlschwalbe baut ihr Nest immer außen an Gebäuden, die Rauchschwalbe in Ställen und Scheunen. Die Eltern füttern die Jungvögel gemeinsam mit Insekten. Früher galten die Schwalben als Frühjahrsboten und Glücksbringer. Da Schwalben heute weniger Brutmöglichkeiten finden als früher, kann man ihnen Nistmaterial oder künstliche Nester bereitstellen.

Die Mauereidechse

Die große grüne Heuschrecke, das Heupferd, zirpt bei Einbruch der Nacht. Durch seine grüne Färbung ist es im Gras gut geschützt. Doch die flinke Mauereidechse wartet nur auf den richtigen Moment, um sich die Beute zu schnappen. Sie frisst Insekten und Spinnen. Tagsüber sonnt sich die wärmebedürftige Mauereidechse. Vor Vögeln versteckt sie sich blitzschnell in Mauerspalten oder unter Steinen.

Von Mai bis Juni legt das Weibchen bis zu zehn Eier in selbst gegrabene Gänge unter der Erde. Die Eierschalen sind weich wie Gummi. Die kleinen Eidechsen schlüpfen nach sechs bis acht Wochen. Sie müssen sich vor Vögeln und Schlangen verbergen. Wenn sie bis zum Herbst überleben, fallen Eidechsen in Erdlöchern oder unter abgestorbenen Blättern in Winterstarre.

Mit ihren Küken gleitet diese Schwanenmutter über das Wasser. Im Schilf hat das Schwanenpaar ein großes Nest gebaut, in dem das Weibchen im April fünf bis acht Eier ausbrütet. Im Mai schlüpfen die graubraun gefärbten Jungen. Erst nach etwa fünf Monaten wird ihr Gefieder weiß. Sie werden noch mehrere Monate von ihren Eltern mit Wasser- und Uferpflanzen ernährt. Ein Schwanenpaar bleibt lebenslang zusammen. Männchen und Weibchen stehen einander bei und kümmern sich um ihre Jungen, bis diese selbstständig sind.

Die Schnecke

Schnecken sind Weichtiere. Sie werden auch als Bauchfüßer bezeichnet. Denn unter ihrem Bauch liegt der breite Fuß, mit dem sich die Schnecke langsam vorwärts bewegt. Der Fuß scheidet Schleim aus, auf dem die Schnecke auch über scharfkantige Steine gleiten kann, ohne sich zu verletzen. Viele Schnecken haben ein Gehäuse, das sie vor Feinden schützt.

Die Zeit der Fortpflanzung beginnt im Juni. Die Paarung kann bis zu zehn Stunden dauern und sich mehrere Male wiederholen. Dann graben die Schnecken ein Loch in feuchte Erde und legen bis zu 60 Eier ab. Das Graben und die Eiablagen dauern mehrere Tage. Die Eier werden mit Erde bedeckt und nach drei bis vier Wochen schlüpfen die Jungen.

Klein und fein

Bei der Geburt sind die Schnecken durchsichtig und nur etwa drei Millimeter lang. Sie haben bereits ein kleines, weiches Gehäuse. Es hat noch nicht so viele Umgänge wie das Gehäuse der erwachsenen Schnecken. Während die Schnecken wachsen, wird das Gehäuse ständig vergrößert. Am Rand der Mündung bilden sich Zuwachsringe.

Kaum sind die jungen Schnecken aus dem Ei geschlüpft, machen sie sich auf die Suche nach Nahrung. Weinbergschnecken bevorzugen vor allem vermodernde Pflanzen. Die Weinbergschnecke ist die größte in Mitteleuropa heimische Schnecke. Sie lebt in lichten, feuchten Laub- und Mischwäldern, auch auch in Parks und Wiesen.

Mit ihren vier empfindlichen Fühlern am Kopf tasten sich die Schnecken vor. Auf den größeren Fühlern befinden sich die Augen der Schnecke. Deutlich ist der Schleim zu sehen, den die Schnecken absondern. Er hilft ihnen beim Vorwärtskommen und schützt sie gleichzeitig vor stachligem oder spitzem Untergrund. Droht Gefahr, zieht sich die Schnecke in ihr Gehäuse zurück.

Auf Tümpeln und Weihern kann man im Frühling seltsame Gebilde erkennen. Sie sehen aus wie Seifenblasen mit einem kleinen schwarzen Kern in der Mitte. Das sind die Eier der Frösche, die sie im Wasser ablegen. Der so genannte Laich bildet große Klumpen, die einige tausend Eier enthalten können. Bald schlüpfen daraus die kleinen Kaulquappen.

Zur Paarungszeit bei Frühlingsbeginn lässt der Wasserfrosch – wie andere Frösche auch – ein lautes Quaken ertönen, das er mit Hilfe von Schallblasen an der Kehle erzeugt. Auf diese Weise lockt er Weibchen an. Um sich fortzupflanzen, suchen die Frösche das Wasser auf. Nach der Paarung legt das Weibchen 2000 bis 4000 Eier in einem traubenartigen Laichklumpen ab. Das Wasser wird ganz trüb vom Laich. Nach dem Ablegen des Laichs interessieren sich die Frösche nicht mehr für ihre Nachkommenschaft. Sie verlassen das Wasser und kommen erst wieder Ende Oktober zum Überwintern zurück.

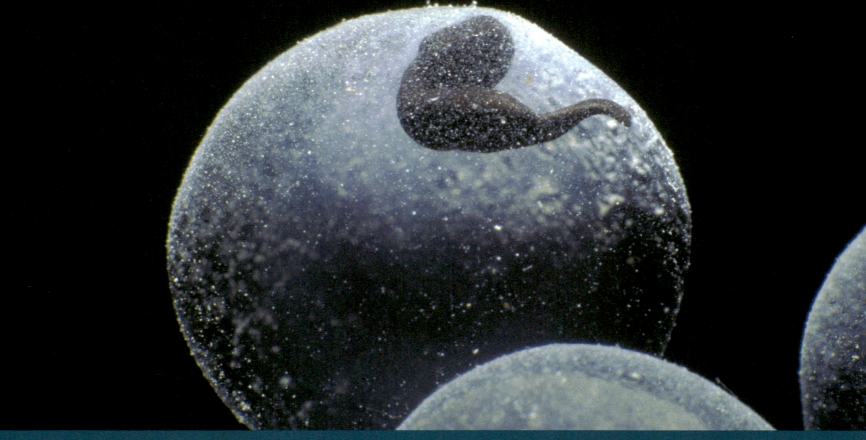

Verwandlung

Vom Ei bis zum erwachsenen Tier machen die Frösche eine erstaunliche Verwandlung durch. Nach drei bis vier Wochen zappeln in den Froscheiern kleine Kaulquappen. Sie haben einen Ruderschwanz und atmen wie Fische mit Kiemen. Nach dem Ausschlüpfen brauchen sie noch drei oder oder Monate für ihre vollständige Verwandlung. Nach und nach entwickeln sich die Hinterbeine, dann die Vorderbeine. Schließlich bildet sich der Ruderschwanz zurück und der kleine Frosch kann das Wasser verlassen. Wenn der Laich erst spät im Frühjahr gelegt wird, kann es vorkommen, dass die Kaulquappen im Wasser überwintern. Sie stoppen dann einfach ihre Verwandlung, die dann erst im nächsten Frühjahr weitergeht.

Verschiedene Frösche

Frösche kommen in weiten Teilen der Welt vor, in Zentral- und Nordeuropa, in Asien und in Afrika. Der in Afrika lebende Goliathfrosch kann 40 Zentimeter lang werden. Man findet Frösche sogar in den Bergen bis in einer Höhe von 2500 Metern. Während die Frösche im Tal am Ende des Winters ihre Eier ablegen, befinden sich die Frösche in den Bergen bis in den Frühsommer in der Winterstarre.

Alle Frösche ernähren sich von Käfern, Weichtieren, Spinnen, kleinen Schalentieren und Kellerasseln. Wenn die Nahrung knapp wird, überwintern die Frösche. Sie verkriechen sich im Schlamm, tief unten in Bächen und Weihern. Sie schalten ihren Stoffwechsel auf Sparflamme und verbrauchen dadurch kaum Sauerstoff. Sie verfallen in Winterstarre, bis der Frühling wiederkehrt.

Aus der spitzen Blütenknospe der Sumpf-Schwertlilie (Iris) entrollen sich die sechs Blütenblätter zu ihrer Blütenpracht. Die drei äußeren Blütenblätter schlagen sich beim Erblühen ganz nach unten um. So entsteht der Eindruck, dass die Irisblüte aus mehreren Einzelblüten besteht. Die Iris steht an den Ufern von Seen, Flüssen oder Mooren. Hier wird sie von einer Libelle besucht.

Der Klatschmohn

Die noch grünen Getreidefelder, geziert von herrlich roten Mohnblumen, kündigen den bevorstehenden Hochsommer an. Der farbenprächtige Klatschmohn gehört zu den leuchtendsten Wildblumen. Seine Blütenknospe wird durch die Kelchblätter geschützt. Wenn die Blüte heranwächst, öffnen sich die Kelchblätter allmählich und fallen ab. Die seidigen, scharlachroten Blütenblätter können sich aus der Blüte zu ihrer vollen Größe entfalten. Im Sommer öffnen sich die Blätter. Nun kann man die schwarzvioletten Staubblätter und den gelben Stempel erkennen. Die Blüten stehen einzeln auf den langen samtig-haarigen Stängeln. Die blauen Samenkörner des Klatschmohns werden für Mohnbrötchen oder Mohnkuchen verwendet. Der Feldhase nascht gerne von den roten Klatschmohnblüten.

Im Frühling verwandelt sich das nackte
Geäst der Bäume in nur wenigen Tagen in
ein wahres Feuerwerk schönster Pastelltöne:
Lila, Fuchsienrot, Perlmuttweiß, Creme,
Rosa oder Blassorange. Plötzlich stehen die
Bäume in voller Blüte und weiße Blüten-
meere verschönern die Frühlingslandschaft.
Langsam verblasst dieses Feuerwerk an
Farben, und die Pracht fällt beim leisesten
Windhauch als Blütenregen herab.

Junge Rotschwänzchen in ihrem jugendlichen, noch aschgrauen Gefieder sitzen auf diesem Ast und zwitschern aus voller Kehle. Mit ihrem Gepiepse rufen diese kleinen ausgehungerten Vögelchen ihre Eltern herbei. Die glänzend roten Kirschen, die neben ihnen wachsen, interessieren sie nicht, denn die Rotschwänzchen sind Insektenfresser.
Doch viele andere Vögel, wie Amseln, Wacholderdrosseln oder Pfingstvögel, lieben diese köstlichen kleinen Früchte, die den Sommer ankündigen.

Sommer – Die

Natur leuchtet

Über Blumenbeeten und Wiesen ertönt das tausendfache Zirpen und Summen der Insekten. Hummeln, Bienen, Wespen und Falter fliegen umher auf der Suche nach Pollen und Nektar.

Pollen und Samen

Damit sich Pflanzen vermehren können, brauchen sie den Pollen einer anderen Pflanze derselben Art. Der Pollen wird von Tieren oder vom Wind verbreitet. Manche Pflanzen können sich auch selbst bestäuben. Sobald die Samen im Fruchtknoten einer Pflanze herangereift sind, müssen sie verbreitet werden. Im Schatten ihrer Mutterpflanze haben sie keine Chance, sich zu kräftigen Pflanzen zu entwickeln. Denn die größere Mutterpflanze nimmt ihnen das lebenswichtige Sonnenlicht. Tiere, Wind oder Wasser befördern die Samen weiter. Manche Pflanzen, wie etwa das Springkraut, schleudern ihre Samen so weit heraus, dass sie in großem Abstand zur Mutterpflanze auf den Boden fallen. Dort keimen die Samen oder sie werden von Tieren weitergetragen.

Formen und Farben

Die Form und Farbe des Pollens unterscheidet sich je nach Pflanzengattung. Oft ist er blassgelb, aber er kann auch rot, braun, weiß, blau oder sogar schwarz sein wie beim Klatschmohn. Unter dem Mikroskop erkennt man die verschiedenen Formen der Pollen: Sie können kugelförmig sein oder länglich wie Getreidekörner. So sieht zum Beispiel der Pollen der Lilie aus (oben).

Pollen kann mit kurzen Stacheln besetzt sein wie beim Eibisch (unten links) oder die Form eines Räderwerks haben, wie bei der Glockenrebe (unten rechts). Manche Pollen sind ganz klein, wie die der Erle, andere sind mit bloßem Auge erkennbar. Ihr Geschmack erinnert an trockenes Stroh.

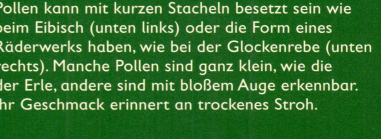

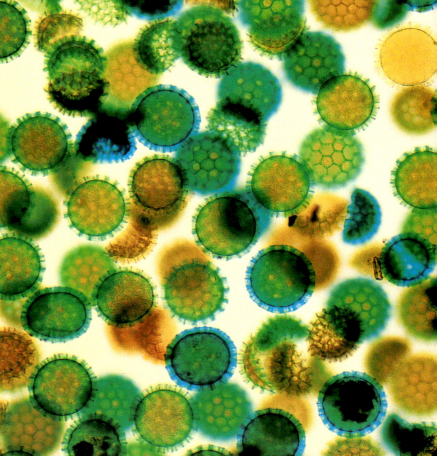

Süßer Nektar

Im Sommer baden die Bienen regelrecht in Pollen. Der Pollen bleibt an ihrem pelzigen Körper hängen. Auf ihrem Flug von Blüte zu Blüte verteilen sie den Pollen und befruchten dabei die Pflanzen. Sie „bürsten" den Pollen in besondere Körbchen, die sie an den Hinterbeinen haben, um ihn zum Bienenstock zu bringen. Dann saugen sie mit ihrem Rüssel den Nektar, der tief unten in den Blüten versteckt ist.

Mit den gesammelten Pollen und dem Nektar kehren die Bienen in den Bienenstock zurück. Dort wachsen in den Waben die Bienenlarven heran. Sie sind aus den Eiern geschlüpft, die die Bienenkönigin gelegt hat. Die jungen Arbeiterbienen reinigen die Waben, füttern die Larven und versorgen den Bienenstock mit frischer Luft. Dazu bewegen sie ihre Flügel wie ein Ventilator.

Nahrung für junge Bienen

Die Arbeiterbienen stellen aus Nektar Nahrung für die Larven her, indem sie den Nektar verzehren und im Honigmagen verdauen. Diese Masse geben sie wieder von sich; die nächste Biene verzehrt und verdaut sie und so fort. Bei der Wanderung durch viele Honigmägen wird aus dem Nektar allmählich Honig, der in den Waben im Bienenstock aufbewahrt wird. Die älteren Bienen sind die fleißigen Sammelbienen.

Zwischen 1000 und 15 000 Blüten muss eine Biene besuchen, bis sie genügend Nektar gesammelt hat. Dabei verteilt sie Pollen und bestäubt dadurch Pflanzen. Kaum hat sie im Bienenstock ihre Ernte abgeliefert, fliegt sie sofort wieder los. Sie arbeitet in einem Umkreis von drei Kilometern vom Bienenstock bis zur Erschöpfung und stirbt nach etwa sechs Wochen.

In einem Bienenstock

Das Leben der Arbeitsbienen ist kurz und arbeitsreich. In ihren ersten 20 Lebenstagen reinigen sie die Zellen im Bienenstock und nehmen Pollen und Honig von den Sammelbienen entgegen. Sie füttern und versorgen die Larven. Die Larven der späteren Bienenköniginnen erhalten eine besonders nahrhafte Mischung aus Honig, Pollen und anderen Stoffen – das so genannte Gelée royale.

Nach wenigen Tagen sind die Larven so dick, dass sie die Zellen ausfüllen. Sie verpuppen sich und nach zwei Wochen schlüpfen die jungen Arbeitsbienen. Die meiste Zeit des Jahres besteht das Bienenvolk nur aus Weibchen: aus der Königin und den Arbeiterinnen. Nur im Sommer werden männliche Bienen, die Drohnen, aufgezogen. Mit ihnen paart sich die Königin.

Waben mit Honigvorrat

Puppen

Honig und Wachs

Die Bienen produzieren in ihren Wachsdrüsen das Wachs, aus dem sie die Waben bauen. In den Waben werden der Honig gesammelt und die Larven großgezogen. Anfang August sind die Honigspeicher beinahe voll.
Dann legt die Königin keine Eier mehr. Die Drohnen werden aus dem Bienenstock vertrieben. Am Ende des Sommers verlangsamt sich die Aktivität im Bienenstock. Wenn das Wetter mild ist, fliegen die Bienen noch bis höchstens Anfang November aus. Dann finden sich die Arbeiterinnen um ihre Königin zusammen. Wenn es sehr kalt wird, drängen sie sich noch enger zusammen. So warten sie auf die Wiederkehr des Frühjahrs. Im Winter erhalten die Bienen vom Imker eine zuckerhaltige Flüssigkeit, die sie als Vorrat in den Waben lagern.

53

Larven in den Waben

Farne

Farne sind die ältesten bekannten Landpflanzen. Die Farne gab es schon vor 400 Millionen Jahren, lange vor den ersten Dinosauriern. Die Farne wurden bis zu 30 Meter hoch und bildeten riesige Wälder.
Farne lieben, wie alle anderen Moosarten, den kühlen Schatten des Unterholzes und feuchte Erde.

Die Blätter der Farne nennt man Wedel. Sie sind tief eingeschnitten und ein- bis mehrfach gefiedert. Manche Arten behalten ihre Wedel das ganze Jahr, andere verlieren sie im Herbst. Im Frühjahr treiben die neuen Blätter aus der Erde. Die Farnwedel sind noch zu Spiralen gerollt. Wegen dieser Form nennt man sie auch „Bischofsstab".

Farndschungel

Der Farn breitet seine fein gefiederten Blätter im Unterholz aus, umwuchert von Glockenblumen. Diese Pflanzen gedeihen prächtig im feuchten Klima des Waldes; sie vermehren sich und bilden am Waldboden üppige, grüne Fluren, dicht wie ein kleiner Dschungel. In den tropischen Ländern gibt es Riesenfarne, die so groß werden wie Bäume.

Es gibt tausende von Farnarten, etwa 60 davon gedeihen in Mitteleuropa. Manche Arten wachsen an steinigen Abhängen oder in Felsspalten, einige andere in trockenen Kiefernwäldern oder Eichenhainen.

Farne bilden weder Blüten noch Samenkörner. Auf der Unterseite der Wedel befinden sich blütenstaubähnliche Sporen in Sporenbehältern. Sie sind nicht größer als ein Sandkorn, entstehen aber so dicht gedrängt an der Blattunterseite, dass man sie als bräunliche Häufchen mit bloßem Auge erkennen kann. Von Juli bis November streut der Farn die federleichten Sporen aus. Sie werden vom Wind verbreitet.

Schon Anfang August verlassen die ersten Vögel, wie zum Beispiel die Mauersegler, unsere Breiten, um in südlichen, wärmeren Ländern ihr Winterquartier zu beziehen. Bald folgen der Kuckuck und der Pirol. Die Vögel haben eine Art innere Uhr, die ihnen sagt, wann es Zeit zum Aufbruch wird. Die meisten Vögel machen sich erst im September und Oktober auf die Reise.

Der Vogelzug führt meist über Frankreich nach Spanien und oft bis nach Nordafrika. Die Störche und die Rauchschwalben fliegen sogar bis nach Südafrika. Den Rekord hält die Küstenseeschwalbe: Sie brütet in der Arktis im hohen Norden und fliegt bis in die Antarktis – das sind 18 000 Kilometer!

Raupe

Puppe

Der Schwalbenschwanz

Dieses prächtige Wesen, schwarz-orange getigert, das hier über einen Pflanzenstängel kriecht, ist die Raupe des Schwalbenschwanzes. Das ist einer der schönsten, aber leider selten gewordenen Schmetterlinge in unseren Gegenden. Die Raupen leben am liebsten auf Doldenblühern, zum Beispiel der wilden Möhre, dem Dill, dem Anis und dem Fenchel. Im Juli findet die Verpuppung statt. Die Raupe heftet sich an einem Stängel fest, die Raupenhaut platzt und wird abgestreift. Die weiche grüne Puppe erscheint. Nach zwei Wochen platzt die Puppenhülle auf und der fertige Falter schiebt sich heraus. Bald ist der blassgelbe Falter flugbereit. Man kann ihn bis Mitte Oktober sehen. Im Spätsommer legt das Weibchen an geschützten Plätzen Eier ab. Im nächsten Frühjahr entwickeln sich daraus neue Falter.

Falter

Verhängnisvolle Schönheit

Schmetterlinge haben vier große häutige Flügel, die mit vielen winzig kleinen, oft bunten Schuppen bedeckt sind. Besonders gern besuchen sie die Wiesenblumen und holen den Nektar aus den Blüten. Dieses schöne, silbrig schimmernde Pfauenauge hat sich auf ein Heidekraut gesetzt. Von Blüte zu Blüte ziehend, merkt es nicht, dass es sich der gefährlichen Krabbenspinne nähert. Sie ist weiß und versteckt sich in hellen Blütenblättern, zum Beispiel in Orchideen oder Margeriten. Sie lauert auf Beute und überrascht das Pfauenauge mit ihrem tödlichen Angriff.

Die Zwergmaus

Die Zwergmaus wiegt nur fünf bis zehn Gramm. Weil sie so leicht ist, kann sie wie ein Akrobat auf den feinen Getreidestängeln und Gräsern herumturnen. Ihr Greifschwanz dient ihr als zusätzliche Kletterhilfe. Sie lebt in den Getreidefeldern und am Waldrand. Sie baut ein kugeliges Nest aus Heu, das wie eine Gondel auf den Halmen schwebt. Um Feinden zu entgehen, ist sie vor allem nachts aktiv. Iltis und Marder entkommt das kleine Nagetier, indem es sich mit höchster Geschwindigkeit im Schutz der Pflanzen und im Gestrüpp fortbewegt. Bevor der Winter kommt, zieht die Maus in eine ruhige Scheune oder einen Heuhaufen um.

Diebischer Gartenschläfer

Nachts sind die Gartenschläfer unterwegs, um Nahrung zu suchen. In Scheunen und auf Dachböden kann man sie wie toll herumrasen hören. Als hervorragende Kletterer gibt es wenig Lebensmittel, die sie nicht erreichen. Die Nähe zu Menschen scheuen sie nicht – im Gegenteil, sie plündern auch mal Schränke und Vorratskammern. Von Portugal bis an den Ural und bis hinunter nach Nordafrika leben die Gartenschläfer in Mischwäldern, in Parks und Gärten, in Trockenmauern, nahe an Obstgärten oder Weinbergen. Im Herbst nistet sich der Gartenschläfer zum Überwintern oft in Scheunen oder Lagerhäusern ein. Er kuschelt sich in sein Nest und hält einen langen Winterschlaf.

In den Obstgärten bedienen sich die Gartenschläfer
an den besten Früchten. Sie kosten erst zehn Früchte,
bevor sie sich für eine entscheiden. Sie knabbern frech
am Gemüse und verzehren die zartesten
Triebe im Gemüsegarten – zum großen
Ärger der Gärtner.

In lauen Sommernächten kann man das plötzliche Aufleuchten der Glühwürmchen in der Dunkelheit sehen. Wie ein leuchtendes Signal machen die Weibchen damit die Männchen, die auf Brautschau sind, auf sich aufmerksam. Aber auch die Männchen können hell leuchten. Wenn die Männchen ein anderes Weibchen in voller Pracht erglänzen sehen, verlassen sie ihre erste Partnerin sogar während der Paarung – und sie erlischt sofort.

Im Morgengrauen erwacht dieser Igel unter einem schweren, gewittrigen Himmel und macht sich auf zu einem Spaziergang. Es ist Spätsommer – höchste Zeit, sich Winterspeck zuzulegen. Er streift durch das Dickicht, die Gemüsegärten, über die Lichtungen der Wälder, um sich satt zu fressen. Er futtert, was er nur kann, und besonders das, was er mag: Würmer, Insekten, Vogeleier aus den Nestern am Boden, kleine Tiere und Früchte. Es bleiben ihm nur noch wenige Wochen. Ende Oktober fällt er bis in den März in Winterruhe. Er wacht ein paarmal auf, aber die meiste Zeit schläft er in seiner Blätterhöhle, die unter Hecken versteckt ist.

Früchte und Samen

74

Pflanzen verbreiten ihre Früchte und Samen auf unterschiedliche Art und Weise. Manche Früchte öffnen sich ganz plötzlich, um ihren Samen so weit wie möglich hinauszuschleudern. Klettenfrüchte wiederum sind mit kleinen Widerhäkchen oder einem Klebstoff ausgestattet. Sie haften im Fell der Waldtiere oder werden an der Kleidung von Wanderern weitergetragen und an anderer Stelle wieder abgestreift. Vögel fressen Früchte zusammen mit den Samen. Wenn sie die unverdauten Samen ausscheiden, haben sich die Tiere meist schon weit vom Mutterbaum entfernt. So geschieht es mit den appetitlichen roten Früchten des Weißdorns oder der wilden Heckenrose, die Leckereien für Amsel und Wacholderdrossel sind.

Die Schoten des Besenginsters, die an Stangenbohnen erinnern, werden erst schwarz, verdorren dann und bersten irgendwann mit einem kleinen Knall. Die Samen werden herausgeschleudert und in weitem Umkreis verbreitet.

Fallschirme und Propeller

Sind die Samen winzig, werden sie wie der Blütenstaub vom Wind fortgetragen. So gelangen sie aus dem Schatten der Mutterpflanze ans Licht. Größere Samen haben Flügel oder Schirme, um besser mit dem Wind verbreitet zu werden. Es gibt Samen mit Flughaaren (Weidensamen), mit Fallschirmen (Löwenzahn) und Samen mit Tragflächen (Ahorn, Ulme, Birke). Diese nennt man auch Schraubenflieger, weil sie sich im Flug wie kleine Propeller drehen. Die Samen des Löwenzahns oder des Kreuzkrautes erinnern an Federbälle oder an winzige Fallschirme. Wo die haarigen Fallschirme zu Boden fallen, können aus den Samen neue Pflanzen entstehen.

Bereit zum Abflug

Die Verbreitung mancher Samen, zum Beispiel die der Distel, wird durch die Vögel unterstützt. Durch das Zupfen und Zerren an den Pflanzen lösen sich die Samen schneller. Distelfinken und Eichelhäher fressen die Samen mit Vorliebe und lassen gleichzeitig viele durch den Wind davonfliegen. Die in vielen Gegenden häufig vorkommende Braunrote Sumpfwurz (unten links) setzt ihre Samen nach und nach frei. Die feinen Schoten öffnen sich und die Samenbüschel entfalten sich wie kleine Regenschirme. Der Wind nimmt sie mit. Wenn die Samen an einem schattigen Platz landen, müssen sie lange Jahre warten, bis sie zum Leben erwachen. Doch wenn sie auf einer sonnigen Lichtung niedergehen, beginnen sie zu keimen.

Der Wind trägt die Samen davon – je stärker er weht, desto weiter fliegen sie. Manchmal erheben sie sich weit in den Himmel, überqueren Berghöhen und Täler. Schließlich fallen sie auf die Erde und bringen neue Pflanzen hervor. Es ist wichtig, dass an einem Ort nur wenige Pflanzen einer Art wachsen, denn die Nährstoffe im Boden sind meist begrenzt.

Herbst – Kunter

bunte Farben

Allmählich werden die Tage kürzer, die Luft wird kühler. Die Anzahl der Sonnenstunden nimmt ab. Die kleinen Tiere sind emsig dabei, sich Winterspeck anzufuttern. Sie finden Früchte und Pilze in Hülle und Fülle. Bevor die Natur in Starre verfällt, entfalten die Bäume ihre farbenfrohe Pracht.

Der Herbst ist für viele eine Zeit
des Abschiednehmens vom Sommer.
Die Blätter lösen sich von den Zweigen,
sie fallen lautlos herab und bedecken
den Waldboden wie ein Teppich.
Dort bieten sie kleinen Tieren Schutz,
die sich beim ersten Frost darunter
flüchten wie unter einen weiten Mantel.

Pilze

Selbst erfahrene Pilzkenner können selten vorhersagen, wann und wo die besten Pilze wachsen. Pilze sind unberechenbar. Sie mögen keinen starken Regen und auch keinen Wind, der die Erde austrocknet. Die Luft muss feucht und warm sein, damit diese empfindlichen Gewächse aus der Erde kommen. Im September, wenn die Tage noch schön sind und immer wieder Regenschauer auf die noch warme Erde fallen, herrscht das Klima, das sie brauchen. Im Winter ist es ihnen zu trocken und zu kalt. Im Frühjahr kommen sie nur vereinzelt hervor. Doch im Spätsommer, wenn es gewittrig und feucht wird, erfüllt ein einzigartiger Duft den Wald: Man sieht förmlich, wie sich die Pilze durch das Moos schieben.

König der Pilze

Wenn man die richtigen Plätze kennt, kann man im September wunderbare Steinpilze finden, wie diese beiden, die noch im Morgentau glänzen. Mit seinem keulenartigen Fuß, dem runden Hut und festen Fleisch ist der Steinpilz der König der Pilze. Er wird von den Feinschmeckern besonders geschätzt – von Menschen wie Würmern, je nachdem, wer ihn schneller aufspürt. Er kommt vor allem in Kiefern- oder Eichenwäldern vor. Manche Exemplare erreichen einen Durchmesser von 25 Zentimetern. Pilze wachsen nicht nur im feuchten Unterholz des Waldes. Im Frühjahr findet man Pilze an den Waldrändern, unter den Hecken am Wegesrand oder auf den Wiesen.

Bovist

Vielfältige Formen

Pilze vermehren sich nicht über Samen, sondern durch winzig kleine Sporen. Beim Bovist, der auch Stäubling genannt wird, entstehen die Sporen in den Fruchtkörpern, die allmählich austrocknen und zu Hohlkugeln werden. Wenn die Kugel aufreißt, entweichen die Sporen, die je nach Art, weiß, ocker, rostfarben, violett oder schwarz sein können.

Es sieht aus, als würde der Pilz Rauchwölkchen ausstoßen. Pilze können ganz unterschiedliche Formen haben. Am bekanntesten ist die Form eines Regenschirms oder Hutes, andere sehen aus wie Korallen an Meeresriffen, wie Zungen oder wie Seesterne.

Das verdorrte Ahornblatt leistet nicht mehr lange Widerstand und bricht selbst unter dem Fliegengewicht der Haselmaus. Jetzt wird es Zeit für sie, das Sommernest im Herzen der Brombeersträucher zu verlassen und sich in ein Baumloch oder einen Felsenspalt zu flüchten, um dort bis zum Frühjahr Winterschlaf zu halten.

Herbstblätter

Wegen der geringeren Sonneneinstrahlung im Herbst wird der grüne Pflanzenfarbstoff Chlorophyll in den Blättern abgebaut und andere Farbstoffe kommen zum Vorschein. Sie färben die Blätter gelb oder rot. Die Natur bereitet sich jetzt auf die Gefahren des Winters vor. Die Blätter werden nicht mehr mit Wasser versorgt, vertrocknen und fallen ab. Denn Frost kann dazu führen, dass das Wasser in den Blättern gefriert. Weil Bäume kein gefrorenes Wasser aufnehmen können, würden sie im Winter vertrocknen. Auf den kahlen Ästen kann sich später kein Schnee anhäufen. Die Gefahr, dass Äste abbrechen, wird verringert. Am Boden sammelt sich das Laub und schützt die Wurzeln bei Kälte vor Erfrierungen.

Der Eichelhäher

Es ist schwierig, einen Eichelhäher zu entdecken, denn die braun-rosa Farbe seines Federkleides macht ihn zur leichten Beute für Raubvögel. Deshalb muss er sich im dichten Blätterwerk des Waldes verstecken. Wenn er wie ein Pfeil vorüberfliegt, kann man für einen kurzen Moment die stahlblauen Federn seiner Flügel sehen. Sein Name lässt es schon vermuten: Der Eichelhäher frisst mit Vorliebe Eicheln. Seine Vorräte versteckt er unter dem Moos oder vergräbt sie. Meist vergisst er aber wieder, wo er seine Schätze versteckt hat. So kommt es vor, dass im nächsten Frühjahr hier und dort eine winzige Eiche aus dem Boden sprießt.

Das Streifenhörnchen

Wie die Eichelhäher legen auch Streifenhörnchen große Vorräte an. Ständig knabbern sie Pilze, Fichtenzapfen, Früchte oder fressen Insekten. Haltbare Nahrung wie Eicheln, Nüsse, Bucheckern oder Kastanien wird in der Erde vergraben oder in Spalten versteckt. Im Winter dienen diese kleinen Vorratslager als Nahrungsquelle. Beim Aufspüren seiner Vorräte hilft dem Streifenhörnchen sein guter Geruchssinn: Einen Tannenzapfen kann es auch unter einer hohen Schneeschicht aufspüren. Wie der Eichelhäher vergisst auch das Streifenhörnchen seine Vorräte. Im Frühjahr beginnen die eingegrabenen Samen dann zu keimen. So trägt auch das Streifenhörnchen zur Vermehrung von Bäumen und Pflanzen bei.

Nahrung für Vögel

Das Rotkehlchen (oben), das normalerweise Insekten und Würmer frisst, ergänzt im Herbst seinen Speiseplan durch Beeren oder Sonnenblumenkerne. Das ist nicht einfach, denn als Insektenfresser ist sein Schnabel dünn wie eine Nadel. Auch der Zaunkönig (unten) muss sich nun an Beeren und Samen halten. Doch weil er so klein ist, gelingt es ihm, zwischen aufeinander gestapelte Baumstämme oder in Holzstapel zu schlüpfen, wo er noch kleine Insekten oder Spinnen findet. Für viele andere Vögel bleiben die Disteln. Der Fink (rechts) tut sich daran gütlich. Er drischt heftig auf sie ein, um die in den piksenden Samenständen versteckten Samenkörner herauszuholen. Die hohen Kardendisteln, die an Böschungen wachsen, sind im Winter eine wichtige Futterpflanze für Vögel.

Reiche Beerenernte

Rabenschwarz, nachtblau, korallen- oder rubinrot, perlmuttfarben, gelb: Die bunten Beeren verschiedener Sträucher und Bäume stellen eine wichtige Nahrungsreserve für kleine und große Tiere dar. Die Namen vieler Beerensträucher weisen schon darauf hin, dass sie Nahrung für bestimmte Tiere sind: So wird die Eberesche volkstümlich Vogelbeere genannt. Die Krähenbeere schmeckt auch Staren und Möwen köstlich. Im Schutz der miteinander verzweigten und mit ihren Dornen bewaffneten Brombeersträucher genießt die Waldmaus (oben) die saftigen Brombeeren. Die Blaumeise (unten) lebt vorwiegend von kleinen Insekten. Im Herbst und Winter stellt sie ihre Ernährung auf Samen und Beeren um.

Sich satt essen vor dem Winter

Die Farbe Rot der Beeren signalisiert den Vögeln, dass die Früchte reif und genießbar sind. Auch der Dompfaff (oben) macht sich über Beeren her, wenn es allmählich keine Insekten und Larven mehr zu fressen gibt. Die Früchte der Eberesche bleiben den ganzen Herbst an den Zweigen hängen und sind eine wichtige Nahrungsquelle für Vögel und kleine Nagetiere. Viele der Beeren sind für den Menschen giftig und dürfen nicht gegessen werden. Die Beeren des Weißdorns, der Eibe, des Wacholders, der Mistel, des Schneeballs und des Holunders sind begehrte Köstlichkeiten für viele Tiere. Bäume und Sträucher, die Früchte tragen, locken im Herbst und Winter Vögel und andere Tiere in den Garten. Dann kann man sie bei der Futtersuche beobachten.

97

Winter – Die

Natur schläft

Die Beeren, von denen sich zahlreiche Tierarten ernähren, sind von einer Eisschicht überzogen und wirken wie hinter Glas. Die Samenkörner ruhen unter einem Mantel aus Schnee. Viele kleine Tiere halten in ihrem Versteck Winterschlaf. Aber die Tiere, die aktiv bleiben – wo können sie jetzt etwas zum Überleben finden?

Der Wald wirkt wie ein prächtiger Eispalast. Die Zweige der Eichen und Buchen sind überzogen von Schnee und Raureif. In der kalten Jahreszeit setzen die Bäume ihren Stoffwechsel stark herunter. Man spricht von Saftruhe. So halten sie auf ihre Art Winterschlaf.

Schutz vor der Kälte

Sobald die Temperatur sinkt, graben sich die Schnecken ein und verkriechen sich in ihrem Haus. Mit ihrem Schleim kleben sie sich aneinander fest.

Eine Gruppe von Marienkäfern hat in einem Eichelhut Zuflucht gefunden, um sich vor der Kälte zu schützen. Eine andere Gruppe hat sich unter einem Kiefernzweig eingerichtet. An den Nadeln können sie sich gut festkrallen und der Schnee über ihnen bildet eine kleine wärmende Decke, weil die Luft in den Flocken isolierend wirkt. Die Marienkäfer verfallen wie die Schnecken in der Kälte des Winters in Winterstarre. Trotzdem stirbt ein großer Teil dieses kleinen Volkes in der Kälte. Im kommenden Frühjahr muss die Lebenskraft erst wieder neu entfacht werden, damit sie sich vermehren können.

Winterschlaf

Manche Tiere bauen sich ein Nest oder suchen eine kleine ruhige Ecke im Trockenen und verschlafen den Winter. Bei einigen Arten kann der Winterschlaf bis zu sechs Monate dauern. So hält es auch der Siebenschläfer (oben). Er macht es sich in seinem Nest aus Blättern gemütlich und rollt sich zu einer Kugel zusammen, damit er möglichst wenig Wärme verliert. Seinen Schwanz legt er sich wie eine Schlafmütze über den Kopf, damit dieser in der kalten Jahreszeit schön warm bleibt. Zu Beginn des Herbstes schläft er ein und wenn er aus diesem langen Schlaf erwacht, hat er die Hälfte seines Körpergewichts verloren. So geht es auch dem Murmeltier (unten), das im September kugelrund einschläft und beim Erwachen im April wieder dünn ist.

In guter Gesellschaft

Die Gartenschläfer (oben) pressen sich eng aneinander, um kein bisschen Wärme zu verlieren. Die Haselmaus (unten) schläft neben ihren Vorräten, die die gleiche Farbe haben wie sie – zwei goldbraun glänzende Haselnüsse. Während des Winterschlafs sinkt die Körpertemperatur der Tiere und liegt oft nur wenige Grad über der Außentemperatur. Herzschlag und Atmung verlangsamen sich.

So schlägt das Herz des Siebenschläfers nur noch einmal in der Minute. Es pumpt gerade so viel Blut, wie er braucht, um nicht zu frieren. Auch andere Tiere schlafen in der kalten Jahreszeit so viel wie nur möglich, zum Beispiel Bären, Iltisse oder Eichhörnchen. Aber ihr Schlaf ist nicht so tief. Man spricht bei ihnen von Winterruhe.

Wie überleben die Vögel den Winter? Spatzen, Meisen, Drosseln und Amseln fliegen nicht in den warmen Süden. Manche Vögel haben Vorräte angelegt, andere suchen im Freien nach etwas Essbarem, zum Beispiel Beeren, Samen oder Insekten. Bei großer Kälte schadet es nicht, die Vögel am Futterhäuschen zu füttern. Für die Körnerfresser eignen sich Sonnenblumenkerne, Meisenknödel oder Meisenringe. Andere, wie der Star und der Zaunkönig, bevorzugen Haferflocken oder Weizenkleie.

Auch für den Fuchs ist es im Winter nicht leicht, Nahrung oder Beute zu finden. Dann muss er fasten oder sich wie die Vögel mit Beeren zufrieden geben. Sein Winterfell schützt ihn vor der Kälte. Der Winter ist die Paarungszeit der Füchse. Im März oder April kommen die jungen Füchse zur Welt.

Luchs und Bär

Luchse und Bären kommen nur in kleinen Teilen Europas vor. Man findet sie in den Wäldern Skandinaviens, auf dem Balkan und in den Karpaten. Im Bayerischen Wald und in der Schweiz wurden wieder einige Tiere ausgesetzt, die sich gut eingelebt haben. Der Luchs jagt Rehe und Gämsen, hält sich dabei aber nur an die schwachen oder kranken Tiere. Er durchstreift sein Revier nachts und im Morgengrauen. Geschickt pirscht er sich an seine Beute heran, springt sie dann an und reißt sie zu Boden. Der Braunbär legt sich im Herbst ein Fettpolster zu, vom dem er im Winter zehren kann. Wenn er im April von der Winterruhe erwacht, ist er stark abgemagert.

Wölfe leben vor allem in den großen Waldgebieten Nordamerikas und Asiens. In Europa kommen sie überwiegend in den rumänischen Karpaten vor. Wölfe leben in Familien, im Winter in Rudeln aus mehreren Familien. Gemeinsam jagt das Rudel große Tiere wie Elche, Rentiere oder Rehwild. Ist das Nahrungsangebot mager, fressen sie auch Mäuse oder Beeren und Früchte. Vor der Kälte sind sie durch den Winterpelz geschützt.

Winterkleid

Tiere mit dunkel gefärbtem Fell sind in Eis und Schnee leicht von Fressfeinden zu sehen. Manche Tiere wechseln deshalb im Winter die Farbe ihres Fells, um im Schnee gut getarnt zu sein. Der Schneehase wird im Herbst heller und im Winter ganz weiß. Nur seine dunklen Augen und die schwarzen Ohrenspitzen fallen jetzt noch auf. Im Frühjahr wachsen wieder braune Haare nach und bald sieht er wieder aus wie ein Feldhase. Nur sein Schwanz bleibt immer weiß. Forscher haben herausgefunden, dass das weiße Fell den Körper besonders gut wärmt. Es lenkt die Sonnenwärme auf die Haut. Der Schneehase lebt in den Alpen und im hohen Norden der nördlichen Erdhalbkugel.

Schneeweißes Hermelin

Auch das Hermelin ändert bei Beginn der kalten Jahreszeit sein braunes Fell und es bekommt einen schneeweißen Pelz. Der Fellwechsel beginnt meist an Kopf und Hals und setzt sich dann auf dem Rücken und den Flanken fort. Das Hermelin kann sein Aussehen in Rekordzeit verändern. Für seinen Farbwechsel von Braun auf Weiß benötigt es weniger als drei Tage. Im Schnee sind nur die dunkle Schwanzspitze und seine schwarzen Augen sichtbar. In Gegenden mit milderem Klima bleibt sein Fell das ganze Jahr über braun. In Bergregionen oder im hohen Norden dagegen bleibt es oft weiß, denn dort liegt fast immer Schnee.

Nachts geht der Waldkauz auf Nahrungssuche. Von den Tieren, die er normalerweise fängt, halten viele Winterschlaf. Deshalb findet er nur wenig Beute. Doch wehe den Nagetieren, Feldmäusen, Waldmäusen und Hasen, die jetzt noch aktiv sind: Auf dem hellen Schnee sind sie mit ihrem braunen Fell gut zu sehen und werden von dem Waldkauz gejagt. Daher bewegen sie sich schnell wie der Blitz, wenn sie draußen unterwegs sind, um nicht erwischt zu werden.

Fruchtige Vorräte

Ein Glück, dass manche Beeren noch lange an den Ästen bleiben, auch nachdem die Blätter abgefallen sind. Sie sind reich an Vitaminen. Manche dieser Früchte bleiben bis zum Beginn des Frühlings am Strauch. Einige sind sogar erst nach einem gehörigen Frost genießbar. Die ersten Fröste, denen viele kleine Vögel zum Opfer fallen, machen das Fruchtfleisch bestimmter Beeren, zum Beispiel der Schlehe und der Mispel, viel weicher und nehmen ihm die Säure. Im Winter müssen sich weniger Vögel die Nahrung teilen, denn die Zugvögel sind längst nicht mehr da. Erbittert streiten sie manchmal darum, wer einen der begehrten Leckerbissen behalten darf.

Aufgeplustert

Die Vögel sind im Winter durch ein dichteres Federkleid gegen die Kälte geschützt. Wie dieser Hakengimpel plustern sie ihr Federkleid zu einer Kugel auf. Die sie umgebende Luft wärmt sie. Um die Kälte zu überstehen, brauchen Vögel täglich Nahrung. Sie gibt ihnen die notwendige Energie und hält ihre Körpertemperatur gleich bleibend hoch. Wer Vögel füttern möchte, bietet ihnen bei Dauerfrost am besten Vogelfuttermischungen, Vogelbeeren, Hagebutten und Früchte an. Äpfel sind vor allem bei Amseln und Drosseln sehr beliebt. Der Futterplatz sollte regelmäßig gesäubert werden und außer Reichweite von Katzen sein.

Im Schnee

Die beiden spielenden Meisen im Schnee sind so genannte Strichvögel. Sie bleiben das ganze Jahr in ihrem Brutgebiet. Sie weichen nur bei sehr kalten Wintern in benachbarte Gebiete aus, die eine günstigere Witterung haben. Meisen sind recht gut an die kalte Jahreszeit angepasst und können sich auch im Winter ernähren, weil sie Körnerfresser sind.

Doch hart gefrorener Boden und Schnee machen die Futtersuche auch für sie nicht leicht. Im Winter streifen sie daher bisweilen weit umher und sind froh, wenn sie in manchen Gärten ein Futterhaus finden. Viele Vögel könnten den Winter ohne Hilfe des Menschen nicht überstehen.

Pflanzen im Winter

Auch bei Frost und Schnee bleiben die Pflanzen an ihrem Standort. Ungeschützt sind sie den kalten Temperaturen ausgesetzt. Damit das Wasser in ihrem Inneren nicht gefriert, bilden sie Zucker. Er wirkt wie eine Art Frostschutzmittel und verhindert das Gefrieren des Wassers. Die Schneedecke ist für die Pflanzen eine wärmende Schicht. Nicht alle Pflanzen überleben den Winter an der Erdoberfläche. Tulpen oder Narzissen zum Beispiel verblühen und alle Pflanzenteile sterben ab. Unter der Erde befinden sich die Blumenzwiebeln, aus denen im nächsten Frühling die neuen Blumen wachsen. Das Schneeglöckchen ist die erste Blume, die schon bei den ersten Frühlingssonnenstrahlen ihr Köpfchen aus der Erde streckt.

Krokus

Primel

Die ersten Frühlingsboten

Noch bevor der Winter zu Ende geht, geben Schneeglöckchen und Buschwindröschen das Signal zum Wiedererwachen der Natur. Der Jahreslauf beginnt von vorn. Die Schneeglöckchen öffnen ihre weißen glockenförmigen Blüten schon im Vorfrühling, wenn noch Schnee liegt. Krokusse sprießen oft bereits im Februar auf Wiesen und in Gärten, wenn der letzte Schnee noch nicht geschmolzen ist.

Im März und im April gesellen sich andere Frühjahrsblüher zu diesen Vorboten hinzu – die Primeln, die Narzissen, die Schlüsselblumen, die Immergrüne und die Stiefmütterchen. Ihre farbenfrohen Blüten sind die ersten Farbtupfer in der noch weißen Winterlandschaft oder im noch zarten Grün der Wiesen und Gärten.

Schlüsselblume

Narzisse

Schneeglöckchen

Krokus

Stiefmütterchen

Findest du diese Tiere und Pflanzen im Buch?

Bildnachweis

Manfred Danegger: Umschlagfoto Vorderseite
Hoaqui/Jacana: George Mac CARTHY/NPL: Umschlag, S. 105 (u); H. EISENBEISS/PHR: 4. Umschlagseite (ol, or, ul, ur); MOITON C. & M.: S. 4, S. 60, S. 61 (or); Jean-Francois HAGENMÜLLER: S. 5; Patrick Lorne: S. 6–7, S. 49 (o), S. 50 (ul), S. 51 (u), S. 61 (ol), S. 87 (ml); Arcangelo MANONI: S. 8 (ol); Pierre PILLOUD: S. 8 (ml), S. 9 (ml, mr); Hervé CONGE: S. 8 (or), S. 51 (o); Yves SZYMCZAK: S. 8 (mr); Eric FROISSARD: S. 8 (ur), S. 40 (or); Michel LUQUET: S. 9 (ol); REIM-BOLD: S. 9 (ul); Rudolf KONIG: S. 8 (ul), S. 9 (ur), S. 20 (ol), S. 91 (u); Aimé ROUX: S. 9 (or), S. 25 (o, u), S. 28 (or), S. 46–47, S. 50 (ol); Asgeir HELGESTAD/NPL: S. 10–11; Klaus ECHLE/NPL: S. 10, S. 11 (ou), S. 66, S. 68–69, S. 97 (u); Martin Rugner: S. 14–15, S. 111; Manfred DANEGGER: S. 16 (o, u), S. 17 (o, u), S. 26–27, S. 41, S. 58–59, S. 77 (o), S. 114 (l, or), S. 115, S. 120; Gary SOMMER: S. 18; Claudius THIRIET: S. 19 (ur); J.WEXLER: S. 19 (ur); Claude CARRÉ: S. 19 (ul), S. 122 (or); Paul NEIEF: S. 20 (ul, ur), S. 77 (ur); Jeff FOOT/NPL: S. 20–21, S. 102 (u), S. 118, S. 121; Philippe PRIGENT: S. 21 (or, ul); René DULHOSTE: S. 21 (ur); David KJAER/NPL: S. 22; Hermann BREHM: S. 23; Sinclair STAMMERS/NPL: S. 24; Fred WINNER: S. 28 (ul, ur); S. 30–31, S. 52 (o), S. 53 (o); E. LEMOINE: S. 29; Jürgen FREUND/NPL: S. 32–33, S. 36 (o); Reijo JUURINEN/NPL: S. 34–35; Adrian DAVIES/NPL: S. 36 (u), S. 37 (o), S. 74 (ol, ul), S. 86; N. D. DAVIS/PHR: S. 37 (u); Bernard CASTE-LEIN/NPL: S. 38, S. 39; S. 55; Claude NARDIN: S. 40 (ol), S. 126; LOBIVIA: S. 40 (ur); Yann BRIOU: S. 40 (ur); Herbert SCHWIND: S. 48 (o); K. ROSS: S. 48 (u); Bernard G. I.: S. 49 (u); Jean-Paul HERVY: S. 50 (ur); Ingo BARTUSSEKNPL: S. 50–51; Niall BENEVIE/NPL: S. 52–53, S. 114 (ur); Christian GAUTHIER: S. 51 (ul, ur); Larry MICHAEL/NPL: S. 54; Duncan MCEWAN/NPL: S. 56–57, S. 74 (or, ur), S. 75, S. 76 (ol), S. 77 (ul); Yves LANCEAU: S. 61 (u); Chris PAC-KHAM/NPL: S. 62; Fabio LIVERANI/NPL: S. 63 (ol, or, ur); PREMAPHOTOS/NPL: S. 63, S. 101 (ul); Colin SEDDON/NPL: S. 64; Heikki WILLAMO/NPL: S. 64; Susanne DANEGGER: S. 67 (o), S. 122 (ul), S. 123 (mr); René DULHOSTE: S. 67 (u); Darwin DALE/PHR: S. 70–71; José SCHELL/NPL: S. 76 (u); Martin GABRIEL/NPL: S. 76 (or), S. 100–101; M. LUSTBADER/PHR: S. 78–79; Brian LIGHTFOOD/NPL: S. 84–85; Hélène RODRIGUEZ: S. 87 (ol, or, ml, ul, ur); Bengt LUNDBERG/NPL: S. 88–89, S. 92; Art WOLFE/PHR: S. 90; Stephan J. KRASEMANN: S. 50 (or), S. 91 (o), S. 114; Jeff L. LEPORE/PHR: S. 93; Eric A. SODER: S. 94 (o); Steve und Dave MAS-LOWSKI/PHR: S. 94 (u); William OSBORNE (NPL): S. 95; Colin VARNDELL(NPL: S. 96 (o); Layer WERNER: S. 96 (u); Dietmar NILL/NPL: S. 97 (o), S. 116–117; L.WEST/PHR: S. 98–99; Graham HATHERLEY/NPL: S.102 (o); Kenneth M. HIGH-FILL/PHR: S. 104 (o); Ingo ARNDT: S. 104 (u); Sylvain CORDIER: S. 105 (o), S. 53 (u); Mike WILKES/NPL; S. 106–107; Tom Walker: S. 108–109; Jack Milcha-nowski/AGE: S. 110; MORALES/AGE: S. 112–113; Martin RUGNER/AGE: S. 122 (ol); A & L DETRICK/PHR: S. 122 (ur); Monique CLAYE: S. 123 (ol, ml); Florian MOELLERS/AGE: S. 123 (or); Ming HOANG CONG: S. 123 (ul), S. 28 (ol); E.A. JANES/AGE: S. 123 (ol, ml);
Agence Bios/Phone: Michel GUNTHER: S. 42–43; Bruno CAVIGNAC: S. 44–45; Cyril RUSSO: S. 72–73

(o = oben; u = unten; m = Mitte; l = links; r = rechts; ol = oben links; or = oben rechts; ml = Mitte links; mr = Mitte rechts; ul = unten links; ur = unten rechts)

Die Autorin dankt Yvonne und Claude Pioch sowie Anne-Laure Pernecker. Dank gilt auch Marie Brossoni für die wissenschaftliche Überprüfung.

Bibliografische Information Der Deutschen Bibliothek

Die Deutsche Bibliothek verzeichnet diese Publikation in der Deutschen Nationalbibliografie; detaillierte bibliografische Daten sind im Internet über **http://dnb.ddb.de** abrufbar.

6 5 4 3   09 08 07

© 2006 Ravensburger Buchverlag Otto Maier GmbH
Postfach 1860, 88188 Ravensburg für die deutsche Ausgabe
Alle Rechte, auch die des auszugsweisen Nachdrucks,
der fotomechanischen Wiedergabe und der Übersetzung, vorbehalten
Titel der Originalausgabe: Au fil des saisons
© 2004 Editions MILAN, 300 rue Léon Joulin, 2100 Toulouse Cedex 9,
Frankreich, www.editionsmilan.com
Text: Béatrice Fontanel
Gestaltung: Catherine Le Troquier
Übersetzung aus dem Französischen: Jeanette Stark-Städele
Redaktion: Sabine Zürn
Printed in Germany
ISBN-13: 978-3-473- 55110-1
ISBN-10: 3-473- 55110-4

www.ravensburger.de

Ravensburger Bücher Unsere Empfehlung

Lies mal weiter!

Traumpferde

Dieses stimmungsvolle Fotobuch mit über 150 faszinierenden Farbfotos zeigt Pferde und Ponys in ihrer vollkommenen Schönheit. Renommierte Tierfotografen bieten mit faszinierenden Nahaufnahmen Einblicke in das Leben der geliebten Vierbeiner. So kann man hautnah erfahren, wie Fohlen aufwachsen, wie sich Pferde untereinander verständigen und wie sie ihre Sinnesorgane gebrauchen.

ISBN 978-3-473-**55140**-8

Der große Ravensburger Naturführer

Dieses Standardwerk mit seinen über 2.000 farbigen Bildern schärft Kindern den Blick für die Tier- und Pflanzenwelt um sie herum. Die systematischen Übersichtstabellen helfen Kindern dabei, die Namen und Merkmale von Bäumen, Pflanzen und Tieren kennen zu lernen. Zusätzlich: Tipps zum Beobachten von Tieren und kleine Naturexperimente.

ISBN 978-3-473-**35916**-5

Alles was ich wissen will, Band 2

Ein Ausflug in den Wald, ein Spaziergang im Park oder ein Besuch im Zoo ist für Kinder spannend und voller Geheimnisse, denen sie auf die Spur kommen möchten. Viele Fragen über das Leben in der Natur und über die Haltung von Haustieren werden in diesem Buch beantwortet. Zahlreiche Bilder und kurze Texte helfen Kindern bei der Beantwortung ihrer Fragen über Pflanzen und Tiere.

ISBN 978-3-473-**35485**-6

Das Ravensburger Schülerlexikon

11 Wissensgebiete – alle auf dem aktuellsten Stand! Das moderne Lexikon informiert über die Themen Weltall, Erde, Natur, Kunst, Sport, Wissenschaft und Technik, Geschichte und Geographie. Mit einer riesigen Fülle an Fakten und Illustrationen ist es das unverzichtbare Nachschlagewerk für Schüler.

ISBN 978-3-473-**55073**-9

Mein großes Grundschulwissen

Modernes Wissen über Erde und Weltraum, Natur und Tiere, Geschichte und Technik. Das reich bebilderte Nachschlagewerk ist an die Themen der Grundschule angelehnt. Ein Register macht die Suche nach Stichwörtern kinderleicht. Durch die kurzen, leicht verständlichen Texte ist das Lexikon bereits für Kinder ab der 1. Klasse geeignet.

ISBN 978-3-473-**55139**-2

Mein Ravensburger Lexikon der Tiere

Das nach Lebensräumen gegliederte Tierlexikon stellt die faszinierendsten Tiere der Erde mit vielen außergewöhnlichen Fotos vor – vom höchsten Gebirge bis in die tiefsten Meere, von heißen Wüsten bis zum Süd- und Nordpol. Mit kurzen, leicht verständlichen Sachtexten und einem lockeren, leicht verspielten Layout ist dieses Buch ein ideales erstes Tierlexikon für Kinder ab 3 Jahren.

ISBN 978-3-473-**55071**-5

www.ravensburger.de